# Рассказы на испанском
# Уровень B1-B2 - Книга 2
## - С АУДИО -

для изучения испанского языка как иностранного

# Скачайте аудио к этой книге:

Шаг 1: Зайдите на Esidioma.com/extras

Шаг 2: Введите этот код:

KADiK

Нужна помощь? Напишите нам: info@Esidioma.com

**Esidioma**

esidioma.com

# Índice

Изучайте испанский с нами!
Если Вы хотите улучшить свои языковые
навыки, у нас есть все, что Вам нужно.

Copyright © Esidioma
Тексты: Хосе Антонио Сантьяго
Дизайн: команда Esidioma
Изображения: pexels.com
ISBN - 978-84-16971-89-3
Legal Deposit - AS 02226-2024

*El secreto del éxito*
*Секрет успеха*

# Vocabulario

1. súbdito — подданный
2. instruido — образованный, обученный
3. enriquecerse — разбогатеть
4. contiguo — соседний
5. aliado — союзник
6. poderoso — могучий
7. adinerado — состоятельный
8. lingote — слиток
9. reinado — правление
10. pobreza — бедность
11. rodearse — окружить себя
12. reino — королевство
13. destino — судьба
14. riqueza — богатство
15. influir — повлиять
16. inesperado — неожиданный
17. relato — рассказ
18. majestad — Ваше Высочество
19. sentenciar — заявить, приговорить
20. asombrado — удивлённый, поражённый
21. éxito — успех
22. admirar — восхищаться
23. oportunidad — возможность
24. administrar — управлять
25. esperanza — надежда

# El secreto del éxito

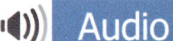 Audio 1

En la sociedad de hoy en día, existe un debate aún sin resolver: ¿Cuál es el secreto del éxito? Esto mismo se preguntaba hace siglos un rey, al que todos admiraban por su habilidad para administrar su reino. Le gustaba conocer la opinión de sus súbditos, independientemente de su edad y profesión, y nunca perdía la oportunidad de buscar consejo incluso entre los menos instruidos.

Una vez, estando de visita en un pequeño pueblo, decidió conocer mejor a sus habitantes y escogió para ello a dos vecinos que vivían en casas contiguas. A pesar de su pobreza, ambos tenían la esperanza de enriquecerse algún día.

# Секрет успеха

В современном обществе до сих пор существует нерешённый спор: в чём секрет успеха? Именно этот вопрос задавал себе один король, которым все восхищались за его умение управлять своим королевством. Ему нравилось узнавать мнение своих подданных, независимо от их возраста и профессии, и он никогда не упускал возможности обратиться за советом даже к наименее образованным.

Однажды, посещая небольшой городок, он решил поближе познакомиться с его жителями и выбрал для этой цели двух соседей, живших в соседних домах. Несмотря на бедность, оба надеялись когда-нибудь разбогатеть.

—¿Dónde piensan ustedes que reside el secreto del éxito en la vida? —les preguntó el rey.

—El secreto está en tener amigos ricos. No hay nada como rodearse de aliados poderosos —afirmó con seguridad el primer vecino.

—Pues yo pienso que todo depende de la suerte. Sin ella, no se puede llegar a nada en esta vida. La buena fortuna es lo que decide nuestro destino —respondió convencido el segundo.

El rey recordó entonces que, al comienzo de su reinado, había obtenido su riqueza gracias a la ayuda de parientes y amigos adinerados. Por lo tanto, estaba más de acuerdo con el primer vecino, ya que la suerte no había influido en su vida. Sin embargo, quiso poner en marcha un experimento para confirmar su teoría, por lo que decidió regalar al primer vecino una tarta con una sorpresa en su interior: un lingote de oro lo suficientemente grande como para cambiarle la vida

– Как вы думаете, в чём секрет успеха в жизни? – спросил у них король.

– Секрет в том, чтобы иметь богатых друзей. Нет ничего лучше, чем окружить себя могучими союзниками, — уверенно заявил первый сосед.

– А я думаю, что всё зависит от удачи. Без неё ничего нельзя добиться в жизни. Удача – это то, что решает нашу судьбу, — убеждённо ответил второй.

Тогда король вспомнил, что в начале своего правления он получил своё богатство благодаря помощи состоятельных родственников и друзей. Поэтому он был больше согласен с первым соседом, так как удача не повлияла на его жизнь. Однако он хотел провести эксперимент, чтобы подтвердить свою теорию, поэтому он решил подарить первому соседу торт с сюрпризом внутри: золотой слиток, достаточно большой, чтобы изменить чью угодно

a cualquiera. De este modo, el rey demostraría que el éxito depende de tener amigos ricos dispuestos a ayudar.

Al cabo de unos meses, el monarca regresó al pueblo donde vivían los dos vecinos. Se encontró con ellos, les preguntó por su vida y se sorprendió al escuchar que el primero vivía como siempre, es decir, sin riquezas. Pero aún más inesperado fue el relato del segundo, el cual se había construido una casa preciosa y había puesto en marcha una pequeña empresa que estaba consiguiendo muchos clientes.

—¿Te llegó mi regalo? —preguntó el rey al primer vecino.

—Sí, majestad, muchas gracias. Pero, como no me gusta mucho el dulce, le vendí la tarta a mi vecino.

—¡Vaya! Parece que el éxito sí que depende de la buena suerte, —sentenció el rey asombrado.

жизнь. Таким образом, король доказал бы, что успех зависит от наличия богатых друзей, готовых помочь.

Через несколько месяцев монарх вернулся в деревню, где жили два соседа. Он встретился с ними, расспросил их о жизни и удивился, услышав, что первый сосед жил, как всегда, то есть без богатства. Но ещё более неожиданным был рассказ второго, построившего красивый дом и наладившего небольшой бизнес, который привлекал много клиентов.

– Тебе пришёл мой подарок? – спросил король у первого соседа.

– Да, Ваше Величество, большое спасибо. Но так как я не очень люблю сладкое, то продал этот торт соседу.

– Ну и ну! Кажется, успех действительно зависит от удачи, – заявил удивлённо король.

# Ejercicios

**1** ¿Verdadero (V) o falso (F)?
Верно или неверно?

1. El rey buscaba consejo solo entre los más instruidos.
2. Los vecinos tenían la misma opinión sobre el éxito.
3. El rey había obtenido su riqueza gracias a la ayuda de parientes y amigos adinerados.
4. Al primer vecino no le llegó la tarta del rey.
5. El segundo vecino puso en marcha una pequeña empresa.
6. El primer vecino le vendió la tarta al segundo vecino.

**2** Escoge la preposición correcta:
Выбери правильный предлог:

1. Hoy **de / en** día existe un debate aún **de / sin** resolver.
2. **Al / Por** cabo de unos meses, el monarca regresó al pueblo.
3. El secreto está **con / en** tener amigos ricos y rodearse **por / de** aliados poderosos.
4. Yo pienso que todo depende **de / a** la suerte. Sin ella, no se puede llegar **de / a** nada en esta vida.
5. El rey estaba más **en / de** acuerdo con el primer vecino porque la suerte no había influido **a / en** su vida.
6. El rey quiso poner **a / en** marcha un experimento.

# 3

Completa las frases con las siguientes palabras:
Закончи предложения следующими словами:

fortuna / súbditos / lingote / habilidad /
relato / reside / reino / destino

1. ¿Dónde _____ el secreto del éxito en la vida?
2. La buena _____ es lo que decide nuestro _____ .
3. Le regaló una tarta con un _____ de oro dentro.
4. El rey quería conocer la opinión de sus _____ .
5. Todos le admiraban por su _____ para administrar su _____ .
6. Aún más inesperado fue el _____ del segundo vecino.

# 4

Combina las columnas:
Соедини колонки:

1. Los vecinos vivían en casas        a. interior
2. Ambos tenían la esperanza de    b. contiguas
3. El monarca tenía amigos         c. instruidos
4. La tarta tenía una sorpresa en su   d. enriquecerse
5. Buscaba consejo entre los menos   e. teoría
6. El rey quería confirmar su       f. adinerados

## Soluciones

**Ejercicio 1:** 1-F, 2-F, 3-V, 4-F, 5-V, 6-V
**Ejercicio 2:** 1-en, sin, 2-Al, 3-en, de, 4-de, a, 5-de, en, 6-en
**Ejercicio 3:** 1-reside, 2-fortuna, destino, 3-lingote, 4-súbditos, 5-habilidad, reino, 6-relato
**Ejercicio 4:** 1-b, 2-d, 3-f, 4-a, 5-c, 6-e

*Una buena escuela*
Хорошая школа

14

# Vocabulario

| | |
|---|---|
| 1. enfrentarse | сталкиваться |
| 2. pareja | пара |
| 3. enseñanza | образование |
| 4. decantarse | остановить свой выбор |
| 5. prestigioso | престижный |
| 6. papeleo | бумажная работа |
| 7. encargarse | взять на себя задачу |
| 8. patio del colegio | двор |
| 9. arrugado | морщинистый |
| 10. burla | поддразнивание, травля |
| 11. dirigirse | обратиться |
| 12. parar | остановить |
| 13. prestar atención | обращать внимание |
| 14. desgastado | измученный, вымотанный |
| 15. frágil | хрупкий |
| 16. crío | ребёнок |
| 17. señalar | показывать (пальцем) |
| 18. dudar | сомневаться |
| 19. descuidada | ветхий, заброшенный |
| 20. darse por vencido | сдаться |
| 21. sugerir | предлагать |
| 22. gesto | жест |
| 23. barrio | район |
| 24. equivocarse | ошибаться |
| 25. probar suerte | попытать счастья |

# Una buena escuela

🔊 Audio 2

Encontrar un buen colegio es una de esas tareas a las que, tarde o temprano, se enfrentan todos los padres. Este fue el caso de una pareja que, durante meses, se había pasado el día informándose sobre diferentes escuelas, en busca de la mejor enseñanza posible para su hijo.

Finalmente, se decantaron por un colegio muy prestigioso, hicieron el papeleo correspondiente y esperaron impacientes el comienzo del curso. El primer día, fue el abuelo quien se encargó de llevar al niño a la escuela, ya que sus padres tenían que trabajar. Nada más llegar al patio del colegio, unos niños empezaron a reírse del anciano y de su rostro arrugado.

# Хорошая школа

Найти хорошую школу – одна из тех задач, с которыми рано или поздно сталкиваются все родители. Так было с парой, которая в течение нескольких месяцев собирала информацию о разных школах в поисках наилучшего образования для своего ребёнка.

Наконец, они остановили свой выбор на очень престижной школе, оформили необходимые бумаги и с нетерпением ждали начала учебного года. В первый день дедушка взял на себя задачу отвести ребёнка в школу, так как его родители должны были работать. Как только они прибыли на школьный двор, некоторые дети начали смеяться над стариком и его морщинистым лицом.

A pocos metros de ahí, un profesor, que decidió no prestar mucha atención a las burlas, avisó de que ya era la hora de entrar a clase. Mientras todos los niños dirigían sus pasos hacia el interior del edificio, el abuelo paró a su nieto.

—Este no es el tipo de escuela que necesitas. Nos vamos a casa. Voy a encontrarte algo mejor.

El anciano dejó a su nieto al cuidado de la abuela y se puso a recorrer las escuelas de la ciudad. En cada una de ellas, se concentró en observar la reacción de los niños al verlo. Hay que decir que el hombre, desgastado por una larga vida de durísimo trabajo, tenía un aspecto extremadamente frágil y vulnerable. En algunos colegios, los críos se reían de él y lo señalaban con el dedo, mientras que en otros, simplemente no le prestaban atención. Cuando estaba a punto de darse por vencido, se encontró con una escuela vieja y descuidada y entró al patio a probar suerte.

В нескольких метрах оттуда учитель, решивший не обращать особого внимания на поддразнивание, сообщил, что пора идти в класс. Пока все дети направлялись внутрь здания, дедушка остановил внука.

– Это не та школа, которая тебе нужна. Мы едем домой. Я найду для тебя что-нибудь получше.

Старик оставил внука на попечение бабушки и отправился по городским школам. В каждой из них он занимался наблюдением за реакцией детей на его появление. Следует отметить, что мужчина, измученный долгой тяжелой жизнью, выглядел крайне хрупким и уязвимым. В одних школах дети смеялись над ним и показывали пальцем, а в других его просто игнорировали. Когда он собирался сдаться, он наткнулся на старую, ветхую школу и вошёл во двор, чтобы попытать счастья.

—Hola, señor. ¿Está usted cansado? —preguntó un niño tras observar el lento caminar del viejo.

—Ahí hay un banco. ¿Quiere sentarse a descansar? —sugirió otro chico.

Al poco rato, un joven maestro hizo un pequeño gesto y los alumnos se fueron ordenadamente a sus respectivas aulas. El abuelo se dirigió a él:

—Buenos días. ¿Sería posible traer a mi nieto a esta escuela?

—Por supuesto —afirmó el maestro—. Pero como ve, el edificio es todo lo contrario a moderno. En este barrio hay opciones mucho mejores.

—Se equivoca. Su escuela es la mejor.

El abuelo contó lo ocurrido a los padres y estos no dudaron en llevar a su hijo a ese colegio donde, además de impartir educación, ayudan a que los niños se conviertan en buenas personas.

— Здравствуйте, сеньор. Вы устали? — спросил один мальчик, заметив медленную походку старика.

— Там есть скамейка. Вы хотите присесть и отдохнуть? — предложил другой мальчик.

Через некоторое время молодой учитель сделал маленький жест, и ученики организованно разошлись по своим классам. Дедушка обратился к нему:

— Доброе утро. Можно ли привести моего внука в эту школу?

— Конечно, — подтвердил учитель. — Но, как видите, здание далеко не современное. В этом районе есть варианты гораздо лучше.

— Вы ошибаетесь. Ваша школа самая лучшая.

Дедушка рассказал родителям о случившемся, и они, не сомневаясь, отвели ребёнка в эту школу, где, помимо образования, помогают детям стать хорошими людьми.

# Ejercicios

---------------------------------

**1** ¿Verdadero (V) o falso (F)?
Верно или неверно?

1. Los padres buscaban la mejor enseñanza para su hijo.
2. En el primer colegio el profesor castigó a los niños por hacerle burla al anciano.
3. El abuelo se puso a buscar un colegio mejor para su nieto.
4. En todos los colegios los niños lo señalaban con el dedo.
5. En la escuela vieja había un maestro joven.
6. Los padres no dudaron en llevar a su hijo al colegio viejo.

**2** Escoge la preposición correcta:
Выбери правильный предлог:

1. Se decantaron **de / por** un colegio muy prestigioso.
2. El abuelo se encargó **a / de** llevar al niño a la escuela.
3. El profesor decidió no prestar atención **a / en** las burlas.
4. "¿Está cansado?" —preguntó un niño **después / tras** observar el lento caminar del viejo.
5. Los críos se reían **de / por** él y lo señalaban **con / por** el dedo.
6. Cuando estaba **en / a** punto de darse **por / de** vencido, se encontró **entre / con** una escuela vieja y descuidada.

## 3 Completa las frases con las siguientes palabras:
Закончи предложения следующими словами:

gesto / rato / cuidado / enfrentan /
pasos / recorrer / desgastado / respectivas

1. Los niños se fueron ordenadamente a sus _____ aulas.
2. Todos dirigían sus _____ hacia el interior del edificio.
3. El anciano dejó a su nieto al _____ de su abuela y se puso a _____ las escuelas de la ciudad.
4. El hombre estaba _____ por una larga vida de trabajo.
5. Al poco ____ , un joven maestro hizo un pequeño ____ .
6. Todos los padres se _____ a esta tarea tarde o temprano.

## 4 Combina las columnas:
Соедини колонки:

1. El anciano tenía un aspecto            a. moderno
2. Hicieron el papeleo            b. arrugado
3. Empezaron a reírse de su rostro      c. frágil
4. El edificio es todo lo contrario a     d. ocurrido
5. Les contó a los padres lo         e. suerte
6. Entró al patio a probar          f. correspondiente

**Soluciones**

**Ejercicio 1:** 1-V, 2-F, 3-V, 4-F, 5-V, 6-V
**Ejercicio 2:** 1-por, 2-de, 3-a, 4-tras, 5-de, con, 6-a, por, con
**Ejercicio 3:** 1-respectivas, 2-pasos, 3-cuidado, recorrer, 4-desgastado, 5-rato, gesto, 6-enfrentan
**Ejercicio 4:** 1-c, 2-f, 3-b, 4-a, 5-d, 6-e

*Diferentes puntos de vista*
Разные точки зрения

# Vocabulario

| | | |
|---|---|---|
| 1. | atravesar | пересекать |
| 2. | tirar | тянуть |
| 3. | flaco | худой |
| 4. | vergüenza | стыд |
| 5. | bajarse | слезть, спуститься |
| 6. | agotamiento | истощение |
| 7. | desmayarse | упасть в обморок |
| 8. | cuerda | верёвка |
| 9. | aupar | подсадить |
| 10. | trecho | отрезок |
| 11. | obligar | заставлять |
| 12. | mayor | старший |
| 13. | incómodo | неловкий, неудобный |
| 14. | reanudar | продолжить, возобновить |
| 15. | respeto | уважение |
| 16. | criatura | существо |
| 17. | torturar | мучить |
| 18. | viandante | прохожий |
| 19. | ruborizarse | покраснеть |
| 20. | apenas | едва |
| 21. | inútil | бесполезный |
| 22. | opinar | выражать мнение |
| 23. | escapar | убежать |
| 24. | merecerse | заслуживать |
| 25. | criticar | критиковать |

# Diferentes puntos de vista

Un padre y su hijo estaban atravesando un pueblo de camino al mercado. El hombre iba montado a caballo, mientras que el joven caminaba al lado y tiraba del animal con una cuerda.

—¡Pobre muchacho! —se escuchó decir a una mujer—. Está tan flaco que apenas puede tirar del caballo. Y mientras tanto, su padre ni se inmuta. Oiga señor, ¿no le da vergüenza? Bájese del caballo y ayude un poco. Como el chico no descanse, se va a desmayar de agotamiento.

El padre no supo que responder, pero comprendió que la mujer tenía toda la razón del mundo. ¡Qué poco

# Разные точки зрения

Отец и сын шли по деревне на своём пути на рынок. Мужчина ехал верхом на лошади, а мальчик шёл рядом и тянул животное за верёвку.

– Бедный мальчик! – послышался голос одной женщины. – Он такой худой, что едва может тянуть лошадь. Тем временем его отец и ухом не ведёт. Послушайте, сеньор, вам не стыдно? Слезьте с лошади и помогите немного. Если мальчик не отдохнёт, он упадёт в обморок от истощения.

Отец не знал, что ответить, но понял, что женщина совершенно права. Как невнимателен

considerado había sido con su hijo! Nada más girar la siguiente esquina, se bajó del caballo y aupó a su hijo para que este fuera sobre el animal.

Padre e hijo continuaron un pequeño trecho, hasta que se oyó una nueva voz. Esta vez era un viejo que estaba sentado bajo un árbol.

—¡Eh, chico! Sí, tú, el que va a caballo. ¿Por qué obligas a tu padre a caminar? ¡Qué poco lo quieres! ¡Ya nadie respeta a sus mayores!

El hijo se sintió incómodo y pidió a su padre que se subiera al caballo junto a él. El hombre así lo hizo y reanudaron el camino, aunque no pasó mucho antes de sufrir una nueva interrupción.

—¡Pobre caballo! —espetó un tercer viandante—. ¿Cómo podéis torturar a esta criatura de semejante manera? Entre los dos le estáis rompiendo la espalda y lo vais a terminar matando. Pobrecito.

он был к своему сыну! Как только они свернули за ближайший угол, он слез с лошади и подсадил сына, чтобы тот ехал верхом на животном.

Отец и сын прошли небольшой отрезок пути, когда послышался другой голос. На этот раз это был старик, сидящий под деревом.

— Эй, молодой человек! Да, ты, тот, кто едет на лошади. Почему ты заставляешь своего отца идти пешком? Мало же ты заботишься о нём! Никто больше не уважает своих старших!

Сын почувствовал себя неловко и попросил отца сесть на лошадь вместе с ним. Мужчина так и сделал, и они продолжили свое путешествие, но вскоре их снова прервали.

— Бедная лошадь! — посетовал третий прохожий. — Как вы можете так мучить это существо? Вы вдвоём сломаете ему хребет, и в конце концов убьёте его. Бедняга.

El chico y su padre se ruborizaron. Les habían dado una buena lección sobre el respeto que merecen los animales. Así que no dudaron ni un instante en bajarse del animal y proseguir a pie. Pero, como era de esperar, apenas habían dado unos pasos, cuando se oyó una nueva protesta:

—¡Oigan! ¿Por qué van a pie con el calor que hace? ¿Es que el caballo no les puede llevar? ¡Qué animal más inútil!

El padre sonrió, dio al caballo un poco de comida y posó la mano sobre el hombro del chico.

—Ya ves, hijo mío, —dijo con un tono de resignación—. No importa lo que hagas en la vida, ya que siempre te encontrarás con alguien dispuesto a criticarte. A todo el mundo le gusta opinar y no hay forma de escapar de ello. Así que, haz siempre lo que creas que está bien y no prestes atención a las críticas.

Мальчик и его отец покраснели. Они получили ценный урок об уважении, которого заслуживают животные. Поэтому они, не колеблясь ни секунды, слезли с животного и продолжили свой путь пешком. Но, как и следовало ожидать, не успели они сделать и нескольких шагов, как услышали новый протест:

— Эй вы! Почему вы идёте пешком по такой жаре? Что, лошадь не может вас повезти? Какое бесполезное животное!


Отец улыбнулся, дал лошади немного еды и положил руку на плечо мальчика.

— Как видишь, сынок, — сказал он смиренным тоном, — неважно, что ты делаешь в жизни, ты всегда встретишь кого-то, кто захочет тебя покритиковать. Каждый любит высказать свое мнение, и от этого никуда не деться. Поэтому всегда делай то, что считаешь правильным, и не обращай внимания на критику.

# Ejercicios

 **1**
¿Verdadero (V) o falso (F)?
Верно или неверно?

1. El padre y su hijo estaban atravesando un pueblo a pie.
2. El muchacho estaba flaco.
3. El hombre que estaba debajo del árbol, criticó al muchacho por obligar a su padre a caminar.
4. Al final, entre los dos, le rompieron la espalda al caballo.
5. El tercer viandante dijo que el animal era inútil.
6. El padre aconsejó a su hijo no prestar atención a las críticas.

**2**
Escoge la preposición correcta:
Выбери правильный предлог:

1. El hijo tiraba **del / por el** animal **a / con** una cuerda.
2. ¿Cómo podéis torturar **a / de** esta criatura **a / de** semejante manera?
3. No dudaron **en / por** bajarse del animal y proseguir **a / de** pie.
4. Como era **por / de** esperar, se oyó una nueva protesta.
5. El padre aupó **a / de** su hijo para que este fuera **en / sobre** el animal.
6. Siempre te encontrarás **con / por** alguien dispuesto **de / a** criticarte.

# 3

**Completa las frases con las siguientes palabras:**
**Закончи предложения следующими словами:**

espetó / sufrir / viandante / ruborizaron /
esquina / rompiendo / trecho / interrupción

1. Padre e hijo continuaron un pequeño _____ .
2. Nada más girar la siguiente _____ , se bajó del caballo.
3. No pasó mucho tiempo antes de _____ una nueva _____ .
4. "¡Pobre caballo!" —_____ un tercer _____ .
5. Entre los dos le estáis _____ la espalda.
6. El chico y su padre se _____ .

# 4

**Combina las columnas:**
**Соедини колонки:**

1. El hombre iba montado a          a. opinar
2. El joven caminaba al             b. camino
3. A todo el mundo le gusta         c. caballo
4. Se va a desmayar de              d. agotamiento
5. Padre e hijo reanudaron el       e. lado
6. Lo vais a terminar               f. matando

**Soluciones**

**Ejercicio 1:** 1-F, 2-V, 3-V, 4-F, 5-F, 6-V
**Ejercicio 2:** 1-del, con, 2-a, de, 3-en, a, 4-de, 5-a, sobre, 6-con, a
**Ejercicio 3:** 1-trecho, 2-esquina, 3-sufrir, interrupción, 4-espetó, viandante, 5-rompiendo, 6-ruborizaron
**Ejercicio 4:** 1-c, 2-e, 3-a, 4-d, 5-b, 6-f

*El estudiante*
Студент

# Vocabulario

| | | |
|---|---|---|
| 1. | frustrado | расстроенный |
| 2. | ausente | отсутствующий |
| 3. | regresar | возвращаться |
| 4. | el extranjero | заграница |
| 5. | personalidad | личность |
| 6. | siglo | век |
| 7. | tormenta | буря, шторм |
| 8. | ofrecimiento | предложение |
| 9. | apresurarse | поспешить |
| 10. | refugio | приют, убежище |
| 11. | codicia | жадность, корысть |
| 12. | ira | гнев |
| 13. | envidia | зависть |
| 14. | amistosamente | дружелюбно |
| 15. | calmado | спокойный |
| 16. | habilidad | навык, способность |
| 17. | fiar | доверять |
| 18. | gentilmente | любезно |
| 19. | magnánimo | великодушный |
| 20. | cortesía | вежливость, любезность |
| 21. | entristecer | огорчать |
| 22. | bondad | доброта |
| 23. | en vano | зря |
| 24. | disparatado | сумасшедший, абсурдный |
| 25. | pícaro | плутовской, вороватый |

# El estudiante

 Audio 4

Hace un par de siglos, en una tierra lejana y olvidada, un joven a lomos de un caballo regresaba a casa tras siete años ausente. Había estado en el extranjero, en una prestigiosa universidad, estudiando una ciencia muy poco habitual: cómo identificar la personalidad de un individuo a través de su cara.

El viaje hasta su país era duro, pues requería varias semanas. Una tarde, el joven estaba atravesando un pequeño pueblo, cuando estalló una feroz tormenta, por lo que se apresuró a buscar un lugar en el que pasar la noche. Preguntó a varias personas hasta que finalmente, dio con un hombre que le ofreció refugio en su casa.

# Студент

Пару веков назад в далёкой и забытой стране один молодой человек возвращался домой верхом на лошади после семилетнего отсутствия. Он был за границей, в престижном университете, и изучал очень необычную науку: как определить личность человека по его лицу.

Поездка в его страну была тяжёлой, так как занимала несколько недель. Однажды вечером молодой человек проезжал через небольшой городок, когда разразилась свирепая буря, из-за которой он поспешил найти себе место для ночлега. Он спросил у нескольких человек, пока, наконец, не нашёл мужчину, который предложил ему приют в своём доме.

El estudiante miró al desconocido y de inmediato creyó leer en su rostro codicia, ira y envidia. Sin embargo, sus gestos eran calmados y sonreía amistosamente. Por ello, a pesar de que las habilidades que había aprendido le decían que no se debía fiar del desconocido, decidió aceptar su ofrecimiento.

—Siéntete como en casa, —le dijo gentilmente el desconocido—. Mi casa no tiene lujos, pero es acogedora. Aquí está tu cama, y en la cocina hay carne y vino. Puedes coger todo lo que quieras.

La cortesía del hombre sorprendió y entristeció al estudiante a partes iguales. "Qué generosidad y bondad tan inesperada la de este hombre", empezó a reflexionar. "Me ha ofrecido todo lo que tiene con una amabilidad como no había visto en mucho tiempo. He estudiando siete años en vano, ya que no he sido capaz de leer la  personalidad de este hombre tan magnánimo".

Ученик взглянул на незнакомца и ему сразу показалось, что он читает на его лице жадность, гнев и зависть. Однако его жесты были спокойными, и он дружелюбно улыбался. Поэтому, несмотря на то, что полученные навыки говорили ему не доверять незнакомцу, он решил принять его предложение.

– Чувствуй себя как дома, – любезно сказал ему незнакомец. – В моём доме нет роскоши, но он уютный. Вот твоя кровать, а на кухне есть мясо и вино. Ты можешь брать всё, что хочешь.

Вежливость этого человека в равной мере удивила и огорчила студента. «Какая у этого человека неожиданная щедрость и доброта, — начал размышлять он. – Он предложил мне всё, что у него есть, с таким дружелюбием, какого я не видел уже давно. Я отучился семь лет зря, раз я не смог прочесть личность этого великодушного человека».

El joven se sentía tan frustrado, que no pudo pegar ojo en toda la noche. A la mañana siguiente, el hombre se le acercó y le entregó una nota.

—Aquí tienes la cuenta, —le informó con una mirada pícara— por todo lo que has comido y bebido, por la cama y por mis servicios.

—Pero, yo no tengo tanto dinero, —confesó el joven al leer la disparatada cifra ahí escrita—. No soy más que un estudiante.

—No te preocupes, podemos llegar a un acuerdo, —anunció el hombre mostrando un gran cuchillo—. Entrégame tu caballo y todo tu dinero.

—¡Con mucho gusto! Aquí tienes —dijo el estudiante con una amplia sonrisa.

—Pero, ¿por qué te has puesto tan contento? —el hombre no pudo esconder su sorpresa.

—Porque acabo de descubrir que mis siete años en la universidad no han sido en vano.

Молодой человек был так расстроен, что всю ночь не мог сомкнуть глаз. На следующее утро мужчина подошёл к нему и вручил ему записку.

— Вот твой счёт, — сообщил он с плутовским видом, — за всё, что ты съел и выпил, за кровать и за мои услуги.

— Но у меня нет столько денег, — признался молодой человек, прочитав записанную там сумасшедшую цифру. — Я всего лишь студент.

— Не беспокойся, мы можем прийти к соглашению, — объявил мужчина, показывая большой нож. — Отдай мне свою лошадь и все свои деньги.

— С большим удовольствием! Вот, пожалуйста, — сказал студент с широкой улыбкой.

— Но почему ты так обрадовался? — мужчина не смог скрыть своего удивления.

— Потому что я только что увидел, что мои семь лет в университете не прошли зря.

# Ejercicios

 **1** ¿Verdadero (V) o falso (F)?
Верно или неверно?

1. El joven pasó siete años estudiando en el extranjero.
2. Tuvo que buscar refugio debido a una feroz tormenta.
3. El joven no pudo pegar ojo en toda la noche porque no tenía dinero para pagarle al hombre por sus servicios.
4. El joven leyó bondad en el rostro del desconocido.
5. El joven llegó a pensar que había estudiado en vano.
6. El hombre se sorprendió al ver la amplia sonrisa del joven.

**2** Escoge la preposición correcta:
Выбери правильный предлог:

1. Un joven **a / en** lomos de un caballo regresaba a casa **tras / por** siete años ausente.
2. Se apresuró **por / a** buscar un lugar **por / en** el que pasar la noche.
3. Dio **con / por** un hombre que le ofreció refugio en su casa.
4. La cortesía del hombre le sorprendió y entristeció **de / a** partes iguales.
5. No había visto tanta amabilidad **en / por** mucho tiempo.
6. No he sido capaz **a / de** leer la personalidad **en / de** este hombre tan magnánimo.

# 3

Completa las frases con las siguientes palabras:
Закончи предложения следующими словами:

pegar / gentilmente / frustrado /
pícara / ofrecimiento / lujos / disparatada

1. El joven decidió aceptar su _____ .
2. Mi casa no tiene _____ , pero es acogedora.
3. El joven se sentía tan _____ , que no pudo
_____ ojo en toda la noche.
4. "Aquí tienes la cuenta", —le informó con una mirada ___ .
5. Ahí estaba escrita una cifra _____ .
6. "Siéntete como en casa", —le dijo _____ el desconocido.

# 4

Combina las columnas:
Соедини колонки:

1. El joven había estado en el              a. vano
2. El viaje requería varias                b. extranjero
3. Una tarde, estalló una feroz      c. tormenta
4. El hombre le ofreció               d. semanas
5. Creyó leer en su rostro codicia y    e. envidia
6. He estudiado siete años en         f. refugio

## Soluciones

**Ejercicio 1:** 1-V, 2-V, 3-F, 4-F, 5-V, 6-V
**Ejercicio 2:** 1-a, tras, 2-a, en, 3-con, 4-a, 5-en, 6-de, de
**Ejercicio 3:** 1-ofrecimiento, 2-lujos, 3-frustrado, pegar, 4-pícara,
5-disparatada, 6-gentilmente
**Ejercicio 4:** 1-b, 2-d, 3-c, 4-f, 5-e, 6-a

*Consejos de un empresario*
*Советы бизнесмена*

# Vocabulario

| | | |
|---|---|---|
| 1. | jubilado | на пенсии, пенсионер |
| 2. | orilla | берег |
| 3. | pesca | рыбалка |
| 4. | ejemplar | экземпляр |
| 5. | interrogar | спрашивать, расспрашивать |
| 6. | empresario | бизнесмен |
| 7. | suponer | предполагать |
| 8. | bruscamente | резко |
| 9. | interrumpir | прервать, перебить |
| 10. | oficio | ремесло |
| 11. | mentalizarse | привыкнуть к мысли |
| 12. | satisfecho | удовлетворённый |
| 13. | rentable | прибыльный |
| 14. | negocio | бизнес |
| 15. | contratar | нанимать |
| 16. | silueta | силуэт |
| 17. | divisar | увидеть, заметить |
| 18. | retirarse | уйти на пенсию |
| 19. | obvio | очевидный |
| 20. | gestionar | управлять |
| 21. | rutina diaria | распорядок дня, рутина |
| 22. | arrogancia | высокомерие |
| 23. | francamente | честно, откровенно |
| 24. | dedicar | уделять |
| 25. | barca | лодка |

# Consejos de un empresario

Un hombre de negocios, ya jubilado y con mucho tiempo libre, paseaba por la orilla del mar, cuando divisó la silueta de un pescador. Justo cuando pasaba junto a él, vio cómo sacaba un pez enorme.

—¡Qué ejemplar tan hermoso! Felicidades. ¿Cuánto tiempo se necesita para pescar algo así?

—Depende. Pero, más o menos, unas dos horas, —respondió el pescador mientras recogía sus cosas.

—Pero, ¿adónde vas? ¿No te quedas a seguir pescando? —interrogó sorprendido el empresario.

—¿Para qué? Con esto tenemos suficiente para comer todos en casa.

—Pero si solo son las diez de la mañana. ¿Qué vas a hacer el resto del día?

# Советы бизнесмена

Бизнесмен на пенсии, у которого было много свободного времени, прогуливался по берегу моря, когда увидел силуэт рыбака. Проходя мимо, он увидел, как тот вытащил огромную рыбу.

– Какой красивый экземпляр! Поздравляю! Сколько времени нужно, чтобы поймать такое?

– Когда как. Но примерно часа два, – ответил рыбак, собирая вещи.

– Но куда ты идёшь? Ты остаёшься продолжишь рыбалку? – спросил бизнесмен удивлённо.

– Зачем? Нам этого достаточно, чтобы поели все в нашем доме.

– Но сейчас только десять часов утра. Что ты собираешься делать остаток дня?

—Pues ahora, cuando llegue a casa, supongo que jugaré con mis hijos un rato y luego me pondré a cocinar con mi mujer. Después de comer, suelo dormir la siesta. Por la tarde, siempre quedamos con amigos o vamos a dar un paseo con los niños, así que algo de eso haremos hoy. Después de cenar, ya veremos qué nos apetece: jugar a las cartas, leer algo, tocar la guitarra...

Mientras el pescador explicaba su rutina diaria, el empresario lo observaba con arrogancia. En un momento dado, lo interrumpió bruscamente:

—¡No, no, no! Lo estás haciendo francamente mal. Mira lo que tienes que hacer. Para empezar, debes dedicar más horas a tu oficio, así que empieza a mentalizarte con que debes pescar al menos doce horas al día. Ya verás como dentro de unos meses vas a poder comprarte una barca.

—¿Y después? —preguntó el pescador.

— Ну, сейчас, когда я вернусь домой, думаю, что я немного поиграю со своими детьми, а потом начну готовить с женой. После обеда я обычно сплю сиесту. Вечером мы всегда встречаемся с друзьями или идём на прогулку с детьми, поэтому чем-то подобным займёмся и сегодня. После ужина посмотрим, чего нам захочется: играть в карты, что-то читать, играть на гитаре...

Пока рыбак объяснял свой распорядок дня, бизнесмен высокомерно смотрел на него. В какой-то момент он резко прервал его:

— Нет-нет-нет! Ты делаешь всё плохо. Смотри, что ты должен делать. Для начала ты должен посвящать своему ремеслу больше часов, поэтому привыкай к тому, что ты должен ловить рыбу не менее двенадцати часов в день. Увидишь, что через несколько месяцев ты сможешь купить лодку.

— А потом? — спросил рыбак.

—Después, podrás pescar de un modo más eficiente y tu negocio será más rentable. En unos pocos años, si todo te va bien y trabajas duro, podrás comprar más barcas y contratar a otros pescadores.

—¿Y después?

—Después, te recomiendo irte de este pequeño pueblo a una gran ciudad para abrir una oficina y gestionar desde allí tu negocio de pesca.

—¿Y después?

—Ah, después, —respondió satisfecho el hombre de negocios—, después viene lo mejor. Podrás vender tu empresa por una buena suma, para poder retirarte como he hecho yo.

—¿Y después?

—Pues es obvio. Después, podrás dejar de trabajar, comprar una casa en un pequeño pueblo a la orilla del mar, y dedicar tu tiempo libre a lo que te venga en gana: jugar con tus nietos, pasear con tu esposa, quedar con amigos, tocar la guitarra…

– А потом ты сможешь ловить рыбу эффективнее, и твой бизнес станет прибыльнее. Через несколько лет, если все пойдёт хорошо, и ты будешь усердно работать, ты сможешь купить больше лодок и нанять других рыбаков.

– А потом?

– А потом я рекомендую тебе уехать из этой маленькой деревни в большой город, чтобы открыть офис и оттуда управлять своим рыболовным бизнесом.

– А потом?

– А-а, потом, – удовлетворённо ответил бизнесмен, потом наступит самое лучшее. Ты сможешь продать свою компанию за хорошую сумму, чтобы уйти на пенсию, как это сделал я.

– А потом?

– Ну это же очевидно. Потом ты сможешь перестать работать, купить дом в маленьком городке у моря и посвятить своё свободное время чему угодно: играть с внуками, гулять с женой, встречаться с друзьями, играть на гитаре...

# Ejercicios

 ¿Verdadero (V) o falso (F)?
Верно или неверно?

1. El hombre de negocios quería jubilarse para dedicarse a la pesca.
2. A las diez de la mañana el pescador sacó un pez enorme.
3. El pez era suficiente para que comieran todos en su casa.
4. El empresario le explicó al pescador como ser más eficiente.
5. El pescador solía pasar poco tiempo con su esposa e hijos.
6. El empresario tenía envidia de la vida del pescador.

**2** Escoge la preposición correcta:
Выбери правильный предлог:

1. **Por / Para** empezar, debes dedicar más horas **a / en** tu oficio.
2. Empieza **de / a** mentalizarte **con / por** que debes pescar **al / de** menos doce horas **al / en** día.
3. Después **a / de** cenar, vamos a jugar **a / en** las cartas.
4. **De / En** un momento dado, lo interrumpió bruscamente.
5. **En / Con** unos pocos años, podrás contratar **con / a** otros pescadores.
6. Podrás hacer lo que te venga **de / en** gana y quedar **por / con** tus amigos.

## 3 Completa las frases con las siguientes palabras:
Закончи предложения следующими словами:

pesca / orilla / rentable / divisó
gestionar / suelo / suma / francamente

1. Lo estás haciendo _____ mal.
2. Tu negocio será más _____ y podrás comprar más barcas.
3. Te recomiendo irte a una gran ciudad y _____ desde allí tu negocio de _____ .
4. Cuando paseaba por la _____ del mar, _____ una silueta.
5. Podrás vender tu empresa por una buena _____ .
6. Después de comer, _____ dormir la siesta.

## 4 Combina las columnas:
Соедини колонки:

1. El hombre de negocios estaba          a. barca
2. El pescador explicaba su rutina        b. arrogancia
3. Vas a poder comprarte una              c. jubilado
4. Podrás pescar de un modo más           d. retirarte
5. El empresario lo observaba con         e. diaria
6. Podrás vender tu empresa para          f. eficiente

### Soluciones

**Ejercicio 1:** 1-F, 2-V, 3-V, 4-V, 5-F, 6-F
**Ejercicio 2:** 1-Para, a, 2-a, con, al, al, 3-de, a, 4-En, 5-En, a, 6-en, con
**Ejercicio 3:** 1-francamente, 2-rentable, 3-gestionar, pesca, 4-orilla, divisó, 5-suma, 6-suelo
**Ejercicio 4:** 1-c, 2-e, 3-a, 4-f, 5-b, 6-d

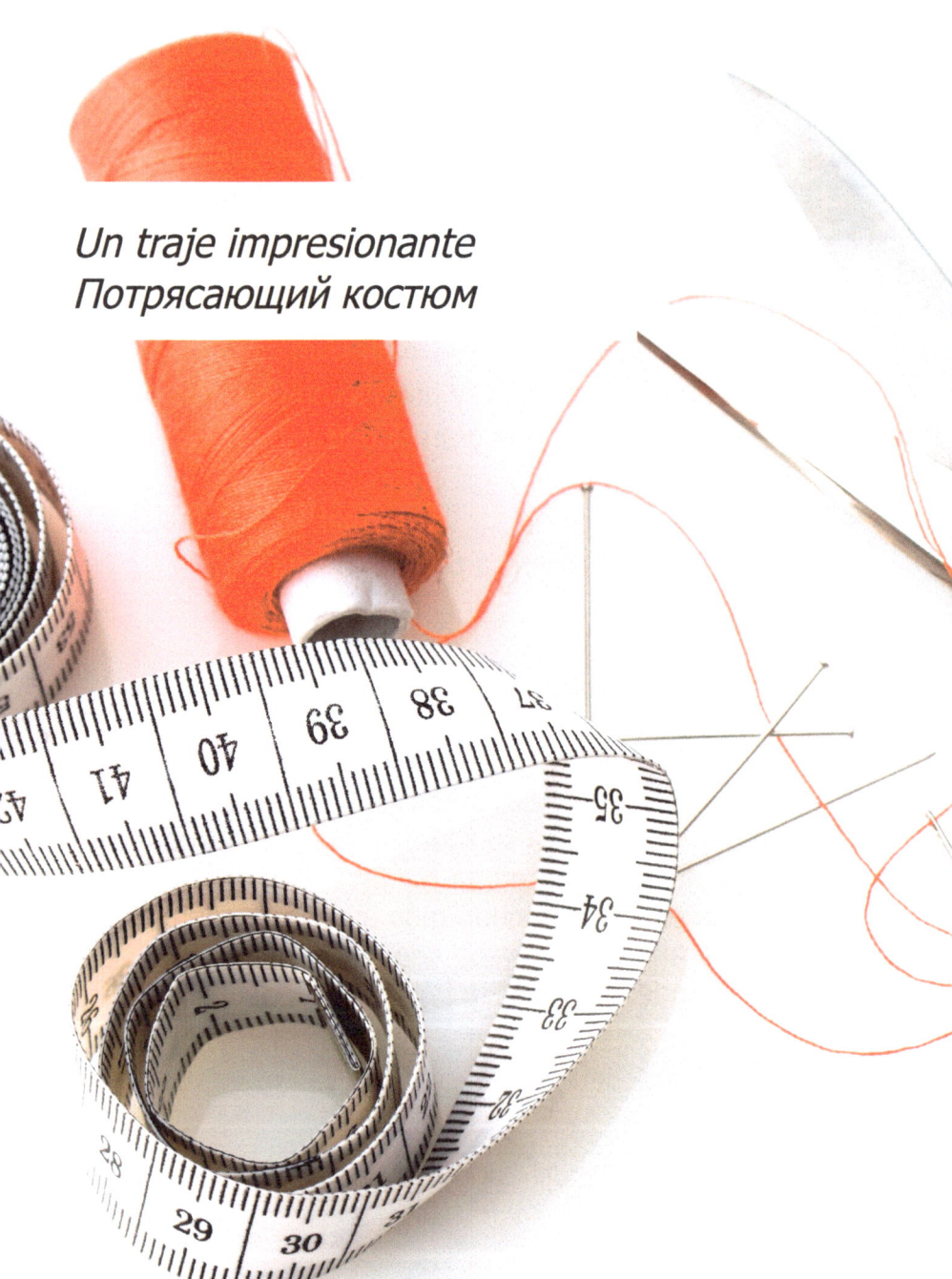

*Un traje impresionante*
*Потрясающий костюм*

# Vocabulario

| | | |
|---|---|---|
| 1. confeccionar | изготовить, сшить |
| 2. traje | костюм |
| 3. sastre | портной |
| 4. medida | мерка |
| 5. plazo | срок |
| 6. efectivamente | действительно, в самом деле |
| 7. pasmado | ошеломлённый |
| 8. convencer | убедить |
| 9. manga | рукав |
| 10. caballero | господин |
| 11. amablemente | вежливо |
| 12. inclinarse | наклониться |
| 13. longitud | длина |
| 14. inconveniente | проблема, неудобство |
| 15. sumamente | крайне, абсолютно |
| 16. percatarse | заметить |
| 17. grave | серьёзный, тяжёлый |
| 18. apretar | быть тесным, давить |
| 19. ancho | широкий |
| 20. obedecer | слушаться, подчиняться |
| 21. respiración | дыхание |
| 22. estrecho | узкий |
| 23. surgir | возникнуть |
| 24. abrochar | застегнуть на пуговицы |
| 25. defecto | недостаток, дефект |

# Un traje impresionante

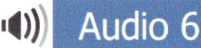 

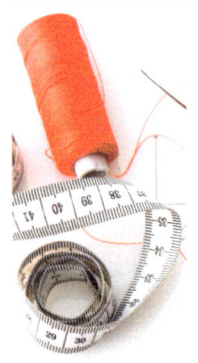

Un hombre, cansado de llevar siempre el mismo viejo traje, decidió acudir a un prominente sastre para que le confeccionara uno nuevo que siguiera la moda del momento. Tras tomarle las medidas, el sastre le pidió que volviera en dos semanas y, una vez cumplido el plazo, todo estaba listo. El hombre, ayudado por el sastre, se vistió y, de inmediato, se quedó pasmado ante el espejo: ¡El traje era impresionante!

Sin embargo, el hombre notó que algo no estaba del todo bien y así lo hizo saber:

—Disculpe, pero yo diría que la manga derecha es más corta que la izquierda.

# Потрясающий костюм

Мужчина, которому надоело всегда носить один и тот же старый костюм, решил пойти к известному портному, чтобы тот сшил ему новый, соответствующий моде того времени. Сняв с него мерки, портной попросил его вернуться через две недели, и когда подошёл срок, всё было готово. Мужчина оделся с помощью портного и был сразу ошеломлён, став перед зеркалом: костюм был потрясающим!

Однако мужчина заметил, что что-то было не в порядке, и сообщил об этом:

– Извините, но я бы сказал, что правый рукав короче левого.

—No, caballero. No es que la manga sea corta, es que su brazo es demasiado largo —indicó amablemente el sastre—. Inclínese hacia la derecha y verá que la manga posee la longitud adecuada.

El hombre, siguiendo las indicaciones, se inclinó hacia la derecha y, efectivamente, la manga ya no parecía tan corta. ¡Menudo traje más impresionante! No obstante, se percató de que el cuello del traje le apretaba un poco.

—El cuello del traje está bien —explicó el sastre—. Lo que pasa es que usted tiene un cuello demasiado ancho. Incline la cabeza hacia la izquierda y verá.

El hombre obedeció y comprobó satisfecho que el cuello de su impresionante traje ya no era tan estrecho. A pesar de ello, surgió un tercer inconveniente: el hombre no lograba abrochar los botones de la chaqueta.

– Нет, господин. Дело не в том, что рукав короткий, а в том, что у вас слишком длинная рука, – вежливо заметил портной. – Наклонитесь вправо, и вы увидите, что рукав правильной длины.

Мужчина, следуя инструкциям, наклонился вправо и, действительно, рукав уже не казался таким коротким. Какой же потрясающий костюм! Однако он заметил, что воротник костюма ему немного тесноват.

– Воротник у костюма нормальный, – объяснил портной. – Дело в том, что у вас слишком широкая шея. Наклоните голову влево и увидите.

Мужчина послушался и был удовлетворён тем, что воротник его потрясающего костюма уже не был таким узким. Несмотря на это, возникла третья проблема: мужчина не мог застегнуть пуговицы на пиджаке.

—¡Ah! Eso se debe a que está usted demasiado gordo —argumentó el sastre—. Aguante la respiración e intente abrocharse de nuevo.

El hombre contuvo la respiración y, en efecto, pudo abrochar la chaqueta. Así, poco a poco, el sastre fue convenciendo al hombre de que las imperfecciones del traje eran, en realidad, defectos de su cuerpo. Al final, pagó por el traje y salió a la calle adoptando una postura sumamente incómoda que apenas le permitía caminar. Al cabo de un rato, dos mujeres pasaron a su lado. Cuando el hombre ya se había alejado y no podía escucharlas, una de ellas comentó a la otra:

—¡Pobre hombre! Me da la sensación de que padece algún tipo de enfermedad grave. A duras penas puede caminar.

—Tienes razón —afirmó la otra—. Pero, ¿te has fijado en su traje? ¡Es impresionante!

– А-а! Это потому, что вы слишком толстый, – заявил портной. – Задержите дыхание и попробуйте снова застегнуться.

Мужчина задержал дыхание и действительно смог застегнуть пиджак. Таким образом, портной мало-помалу убедил мужчину в том, что недостатки костюма на самом деле являются недостатками его тела. В конце концов, он заплатил за костюм и вышел на улицу в крайне неудобной позе, которая едва позволяла ему ходить. Какое-то время спустя мимо проходили две женщины. Когда мужчина прошёл и больше не мог их слышать, одна из них сказала другой:

– Бедный мужчина! У меня такое ощущение, что он страдает какой-то серьёзной болезнью. Он едва может ходить.

– Ты права, — сказала другая. – Но ты обратила внимание на его костюм? Он потрясающий!

# Ejercicios

**¿Verdadero (V) o falso (F)?**
**Верно или неверно?**

1. El hombre quería un traje que siguiera la moda del momento.
2. El sastre no tomó bien las medidas y no cumplió el plazo.
3. El hombre se quedó pasmado de lo mal que le quedaba el traje.
4. La manga derecha era más corta que la izquierda.
5. El hombre apenas podía caminar por un problema de salud.
6. A la mujer le pareció que el traje era impresionante.

**Escoge la preposición correcta:**
**Выбери правильный предлог:**

1. Un hombre, cansado **de / por** llevar siempre el mismo viejo traje, decidió acudir **con / a** un prominente sastre.
2. El hombre, ayudado **con / por** el sastre, se vistió y, **de / por** inmediato, se quedó pasmado **delante / ante** el espejo.
3. Poco **a / en** poco, el sastre fue convenciendo **al / del** hombre **con / de** que su cuerpo tenía muchos defectos.
4. Se percató **en / de** que el cuello del traje le apretaba.
5. Eso se debe **de / a** que usted está demasiado gordo. Aguante la respiración e intente abrocharse **por / de** nuevo.
6. ¿Te has fijado **de / en** su traje? ¡Es impresionante!

**3** Completa las frases con las siguientes palabras:
Закончи предложения следующими словами:

pesar / menudo / plazo / imperfecciones
inconveniente / cuerpo / sumamente / cabo

1. Una vez cumplido el _____ , todo estaba listo.
2. A _____ de ello, surgió un tercer _____ .
3. ¡ _____ traje más impresionante!
4. Las _____ del traje eran defectos de su _____ .
5. Al _____ de un rato, dos mujeres pasaron a su lado.
6. Salió a la calle, adoptando una postura _____ incómoda.

**4** Combina las columnas:
Соедини колонки:

1. La manga posee la longitud          a. respiración
2. El cuello del traje le               b. adecuada
3. El hombre contuvo la                 c. grave
4. A duras penas puede                  d. apretaba
5. Padece algún tipo de enfermedad      e. caminar
6. Incline la cabeza hacia la           f. izquierda

**Soluciones**

**Ejercicio 1:** 1-V, 2-F, 3-F, 4-V, 5-F, 6-V
**Ejercicio 2:** 1-de, a, 2-por, de, ante 3-a, al, de, 4-de, 5-a, de, 6-en
**Ejercicio 3:** 1-plazo, 2-pesar, inconveniente, 3-Menudo,
4-imperfecciones, cuerpo, 5-cabo, 6-sumamente
**Ejercicio 4:** 1-b, 2-d, 3-a, 4-e, 5-c, 6-f

# Notas

## Notas

..........................................................................................................
..........................................................................................................
..........................................................................................................
..........................................................................................................
..........................................................................................................
..........................................................................................................
..........................................................................................................
..........................................................................................................
..........................................................................................................
..........................................................................................................
..........................................................................................................
..........................................................................................................
..........................................................................................................
..........................................................................................................
..........................................................................................................
..........................................................................................................
..........................................................................................................
..........................................................................................................
..........................................................................................................
..........................................................................................................
..........................................................................................................
..........................................................................................................